La cuisine Grecque

L'auteur remercie particulièrement
Marianna MALLIAROUDAKIS pour sa précieuse collaboration
à la rédaction de cet ouvrage.

La cuisine Grecque

Gilbert **WENZLER**

Photos : S.A.E.P. / J.L. SYREN

EDITIONS **S.A.E.P.** INGERSHEIM 68000 COLMAR

La cuisine grecque est l'une des plus anciennes et des plus remarquables au monde ; le peuple grec lui a consacré une déesse : la déesse Adephagia.

Les recettes contenues dans ce livre ont été puisées à la source par un chef qui a vécu et travaillé en Grèce. Ce livre est fait pour retrouver la saveur de cette cuisine méridionale ainsi que pour recréer l'ambiance grecque autour d'un verre d'ouzo accompagné de mézés et de souvlaki. Les titres des recettes ont été traduits en phonétique pour que le lecteur puisse se faire comprendre lorsqu'il commandera un plat dans une taverne en Grèce à l'occasion d'un voyage.

Il n'y a pas de cuisine grecque sans tomates, huile d'olive, raisins de Corinthe, pignons, basilic, marjolaine, origan. Les herbes et les épices jouent également un rôle très important. Il s'agit de les utiliser avec parcimonie pour un résultat subtil.

Le vignoble offre quelques crus remarquables de qualité. Le vin blanc le plus réputé est le Retsina. Le vin rouge résiné est le Kokinelli. On signalera aussi comme vin : les Cambas, Rotonda, Samos, Achaïe, Mavrodaphni. Parmi les crus d'appellation contrôlée : ceux de Naoussa (Cava Boutari), Cava Manzavino de l'île de Céphalonie, Madona de l'île de Leucade, le Robola de Céphalonie.

Le café : pour le faire, on utilise un pot en cuivre appelé "briki", de taille variable selon le nombre. On y met le café, le sucre, l'eau. On fait bouillir 10 secondes et on le verse dans la tasse. On laisse reposer pour que le marc se dépose dans le fond.

Court-bouillon

✗ ○

Prép. : 10 mn. - Cuiss. : 20 mn.

Pour 3 l. environ.

3 l. de bouillon
2 oignons émincés
2 carottes émincées
2 feuilles de laurier
1 clou de girofle

1 branche de céleri
1 branche de persil
10 g. de poivre en grains
Gros sel
1 dl. de vinaigre.

Mélanger tous les ingrédients. Cuire 20 minutes.

Pour la cuisson de crustacés, ajouter 1 cuillerée à soupe rase de cumin.

Fumet de poisson

✗ ○

Prép. : 10 mn. - Cuiss. : 1 h.

600 g. de parures de poissons
2 carottes
2 oignons
2 feuilles de laurier
1 clou de girofle

1 bouquet de persil
10 grains de poivre
1 branche de céleri
Gros sel
5 cl. d'huile d'olive.

Faire revenir tous les ingrédients avec un peu d'huile dans une casserole. Couvrir largement d'eau. Mettre à cuire 30 minutes. Ecumer au besoin.
Passer au chinois et réserver.

Pâte à beignets

✗ ○

Prép. : 15 mn.
Pour 4 dl. environ.

100 g. de farine	*1 œuf*
1 pincée de sel	*1 blanc d'œuf*
1 cuil. à soupe d'huile d'olive	*2 dl. de lait.*

Mettre la farine et le sel dans un saladier, ajouter l'œuf au milieu. Mélanger, ajouter l'huile et le lait pour former une pâte. Incorporer délicatement le blanc d'œuf en neige ferme. Utiliser aussitôt.

Concassée de tomate

✗ ○

Prép. : 15 mn. - Cuiss. : 25 mn.
6 pers.

1,5 kg. de tomates	*Sel, poivre*
2 oignons hachés	*Sucre*
3 gousses d'ail hachées	*Thym*
5 cl. d'huile d'olive	*Laurier.*

Emonder les tomates, les couper en deux, les presser entre les mains pour retirer les grains. Les couper grossièrement.

Faire revenir à l'huile les oignons et l'ail, ajouter les tomates, le sel, le poivre, le sucre, le thym et le laurier. Cuire à découvert à petit feu. Rectifier l'assaisonnement.

Avgolemono
Sauce aux œufs et au citron

✗✗ ○

Prép. : 10 mn.
Pour 5 dl. de sauce environ.

3 œufs
Le jus de 2 citrons

3 dl. de bouillon.

Battre les œufs et le jus de citron. Les verser dans le bouillon chaud. Ne plus faire bouillir.

On peut aussi battre les blancs en neige, ajouter les jaunes et verser le tout dans le bouillon.

Sauce Béchamel

✗ ○

Prép. : 10 mn. - Cuiss. : 10 mn.
Pour 1/2 l. de sauce environ.

1/2 l. de lait
50 g. de beurre
50 g. de farine

Sel, poivre
Muscade.

Mettre le lait assaisonné à bouillir. Préparer un roux avec le beurre et la farine. Verser le lait. Cuire sur feu doux quelques minutes pour épaissir.

Sauce tomate

✖ ○

Prép. : 15 mn. - Cuiss. : 50 mn.
Pour 3/4 l. environ.

1,5 kg. de tomates	*1 clou de girofle*
5 cl. d'huile d'olive	*1 bouquet de persil*
2 oignons émincés	*2 cuil. à soupe de concentré de tomate*
2 carottes émincées	*1 pincée de cannelle*
2 gousses d'ail émincées	*Sel, poivre*
1 branche de basilic	*Thym*
2 feuilles de laurier	*2 morceaux de sucre.*

Faire revenir à l'huile les oignons, l'ail et les carottes. Ajouter les tomates coupées en quatre et faire revenir le tout 10 minutes.

Ajouter 1/2 l. d'eau, la tomate concentrée, l'assaisonnement, le basilic, le persil, le laurier et le girofle. Cuire à petit feu. Mixer puis passer au chinois en foulant. Rectifier l'assaisonnement.

Vinaigrette

✖ ○

Prép. : 5 mn.
Pour 4 pers.

4 cuil. à soupe d'huile d'olive	*Sel, poivre*
1 cuil. à soupe de moutarde	*Origan.*
2 cuil. à soupe de vinaigre	

Mettre la moutarde dans un saladier, ajouter l'huile, le vinaigre et l'assaisonnement.

QUELQUES INGREDIENTS DE
LA CUISINE GRECQUE

L'**huile d'olive** prime avec le **beurre de brebis** et le **beurre frais**, mais ce dernier a tendance à être remplacé par la **fytini** fabriquée à base d'huile d'olive et aromatisée de lait de brebis ce qui lui donne un goût de beurre fondu.

La **feta** : Un fromage assez mou, friable, blanc et salé, fabriqué avec du lait de chèvre ou de brebis. On l'utilise dans les salades mais il est également servi avec les repas. La feta est le fromage national grec.

Le **kasseri** : Un fromage à tartiner de couleur crémeuse et de saveur douce.

Le **mizithra** : Fabriqué avec du lait de brebis, il est servi avec le repas.

Le **kefalotiri** : Un fromage dur et salé que l'on emploie comme le parmesan.

Le **graviera** : Il a le même usage que le gruyère.

Le **manouri** : Un fromage blanc mou non salé. Se mange pendant le repas.

Le **yaourt** : Le yaourt vendu en Grèce a la consistance d'un fromage blanc.

L'**ouzo** : C'est une eau-de-vie de marc à l'anis. Les mézés sont traditionnellement accompagnés d'ouzo.

Soupe de légumes à la grecolimano

XX O

Prép. : 40 mn. - Cuiss. : 40 mn.

6 pers.

150 g. de carottes	*90 g. de beurre*
1 blanc de poireau	*3 gousses d'ail*
150 g. de céleri-rave	*1 petit bouquet de basilic*
200 g. de pommes de terre	*3 cuil. à soupe d'huile d'olive*
150 g. de courgettes	*200 g. de feta*
2,5 l. d'eau	*Sel, poivre.*
1 cuil. à soupe de concentré de tomate	

Tailler tous les légumes en petits dés et les faire revenir au beurre (sauf les pommes de terre), ajouter la tomate concentrée, remuer, ajouter l'eau. Après 25 minutes de cuisson, ajouter les pommes de terre et poursuivre la cuisson à terme.

Piler l'ail et le basilic, ajouter l'huile, verser le tout dans la soupe, ajouter la feta taillée en cubes et servir aussitôt.

Pevithio soupa

X O

Soupe aux pois chiches Trempage : 12 h. - Prép. : 15 mn. - Cuiss. : 2 h.

6 pers.

500 g. de pois chiches	*Sel, poivre*
2 cuil. à café de bicarbonate de soude	*2 feuilles de laurier*
3 oignons	*1 clou de girofle*
2 dl. d'huile d'olive	*100 g. de tahin*
1 citron	*1/4 l. de crème.*

La veille de la préparation, mettre les pois chiches à tremper. Le lendemain, les égoutter, les mettre dans une casserole, couvrir largement d'eau froide, ajouter le bicarbonate. Porter à ébullition, écumer, ajouter les oignons, le laurier, le sel, le poivre, le clou de girofle. Cuire à petit feu pendant 2 heures.

Egoutter les pois chiches et ajouter 1,5 l. de bouillon de cuisson. Remettre à bouillir puis mixer et passer au chinois. Incorporer le citron et l'huile d'olive

Goûter l'assaisonnement, ajouter la crème et le tahin et servir.

Psarosoupa avgolemono
Soupe de poisson avgolemono

✗✗ ◌◌◌

Prép. : 15 mn. - Cuiss. : 1 h.
6 pers.

1,5 kg. de poissons de roches	*2 cuil. à soupe de concentré de tomate*
2 carottes	*1 branche de céleri*
2 oignons	*80 g. de riz*
2 feuilles de laurier	*1 dl. d'huile d'olive*
2 clous de girofle	*Sel, poivre*
1 cuil. à café de coriandre	*Sauce avgolemono (recette p. 8)*
1 cuil. à café de marjolaine	*1 cuil. à soupe de persil haché.*
1 cuil. à café de thym	

Nettoyer et vider les poissons. Les faire revenir à l'huile avec les carottes, les oignons et le céleri émincés. Ajouter l'assaisonnement et les épices puis la tomate concentrée. Couvrir largement d'eau. Cuire à petit feu 40 minutes. Mixer, passer au chinois. Remettre à bouillir.

Ajouter le riz, cuire encore 20 minutes puis ajouter la sauce avgolemono.

Verser dans une soupière. Saupoudrer de persil et servir brûlant.

Kotosoupa avgolemono
Soupe de poulet

✗ ◌◌

Prép. : 15 mn. - Cuiss. : 2 h. 20 mn.
6 pers.

1 poulet ou 1 poule	*Gros sel*
1 carotte	*2 feuilles de laurier*
1 oignon	*1 clou de girofle*
1 branche de céleri	*6 cuil. à soupe de riz*
10 grains de poivre	*Sauce avgolemono (p. 8)*

Vider et flamber le poulet. Le poser dans une marmite avec la garniture. Couvrir d'eau et cuire 2 heures à feu doux.

Passer le bouillon, remettre à bouillir, ajouter le riz. Cuire encore 20 minutes. Retirer du feu et ajouter la sauce aux œufs et au citron.

Servir aussitôt.

La volaille peut servir à préparer des friands (recette p. 32).
On peut aussi utiliser du bouillon de volaille en tablettes concentré.

Soupa me carides
Soupe de crevettes

XX OOO

Prép. : 20 mn. - Cuiss. : 55 mn.

6 pers.

800 g. de crevettes	1 cuil. à soupe de vinaigre
500 g. de moules	1 cuil. à soupe de farine
1 oignon	50 g. de beurre
1 carotte	5 cl. de metaxa (cognac grec)
1 branche de céleri	1 dl. de vin blanc
1 cuil. à soupe de concentré de tomate	Sel, poivre
2 jaunes d'œufs	1 branche d'aneth.

Ouvrir les moules nettoyées avec le vin blanc à feu vif et à couvert. Les décoquiller.

Passer le fond de cuisson dans une casserole, ajouter 2 l. d'eau, le vinaigre, le sel, le concentré de tomate, la carotte, l'oignon et le céleri émincés. Faire bouillir 10 minutes. Jeter les crevettes dans le bouillon, les cuire 8 minutes. Les décortiquer et les réserver avec les moules. Piler les parures et les remettre dans le bouillon. Cuire 30 minutes.

Préparer un roux avec le beurre et la farine et le verser dans la soupe pour la lier. Ajouter le metaxa. Vérifier l'assaisonnement. Délayer les jaunes avec un peu de bouillon et l'ajouter dans la soupe hors du feu. Ajouter les moules et les crevettes et verser le tout dans une soupière. Parsemer le dessus de pluches d'aneth.

Tahinosoupa
Soupe au tahin

Prép. : 10 mn. - Cuiss. : 15 mn.

6 pers.

2 l. de bouillon ou d'eau	*Sel*
100 g. de vermicelles	*Le jus d'un citron*
120 g. de tahin ou de beurre de	*2 œufs.*
cacahuètes	

Porter le bouillon à ébullition. Ajouter les pâtes.

Mettre le tahin dans un bol avec une louche de bouillon, le jus du citron et les œufs. Mélanger et ajouter à la soupe hors du feu. Ne plus faire bouillir.

Verser dans une soupière et servir aussitôt.

Tomato soupa me pasta
Soupe à la tomate aux pâtes

Prép. : 20 mn. - Cuiss. : 40 mn.

8 pers.

1 kg. de tomates mûres	*5 cl. d'huile d'olive*
1,5 l. d'eau	*2 feuilles de laurier*
1 carotte émincée	*1 clou de girofle*
1 oignon émincé	*Sel*
2 gousses d'ail émincées	*2 morceaux de sucre*
1 branche de céleri	*100 g. de vermicelles ou de pâtes étoilées*
1 petit bouquet de basilic	*1 cuil. à soupe de persil haché*
1 bouquet de persil	*1/4 l. de crème fraîche.*

Faire revenir à l'huile l'oignon, la carotte, le céleri et l'ail. Ajouter les tomates coupées en 4, le basilic, le laurier, le clou de girofle, le sucre, le sel et l'eau. Cuire 40 minutes. Mixer et passer au chinois.

Cuire les pâtes à grande eau salée, les égoutter et les ajouter à la soupe.

Vérifier l'assaisonnement, ajouter la crème, donner un bouillon, verser le tout dans une soupière et saupoudrer de persil haché. Servir aussitôt.

Aginares salata
Salade d'artichauts

Prép. : 10 mn. - Repos : 1 h.

4 pers.

---

8 fonds d'artichaut cuits
3 cuil. à soupe d'huile d'olive
Le jus d'un citron
1 cuil. à soupe de persil haché
Sel, poivre

1 cuil. à café de coriandre
2 tomates
1 bouquet de persil
1 cuil. à soupe de moutarde.

Emincer les fonds d'artichaut. Mélanger l'huile, la moutarde, le jus de citron, le persil et l'assaisonnement. Ajouter les artichauts.

Mettre 1 heure au frais avant de servir.

Décorer de quartiers de tomate et de brins de persil.

Melitzanosalata
Caviar d'aubergine

Repos : 30 mn. - Prép. : 20 mn. - Cuiss. : 40 mn.

6 pers.

1,5 kg. d'aubergines
1 gros oignon
2 gousses d'ail
2 tomates pelées, épépinées
1 dl. d'huile d'olive

1 cuil. à café de jus de citron
Sel, poivre
18 olives noires
1 pain de mie.

Couper en 2 les aubergines, ciseler la chair, saler et laisser dégorger 30 minutes.

Les cuire au four, th. 6 (180° C), jusqu'à ce qu'elles soient tendres. Retirer la chair.

Piler l'ail, ajouter la chair d'aubergine, les tomates, l'huile, le jus de citron et l'assaisonnement. Travailler la préparation. Ajouter l'oignon haché très fin revenu quelques instants à l'huile.

Réserver dans un petit saladier et décorer d'olives noires. Servir frais accompagné de toasts grillés.

Brokola salata
Salade de brocolis

✕ ∞

Prép. : 10 mn. - Cuiss. : 15 mn.
Repos : 1 h. - 6 pers.

---

1 kg. de brocolis
Vinaigrette à l'huile d'olive (p. 9)

50 g. de pignons de pin grillés.

Cuire les brocolis à grande eau bouillante salée puis les rafraîchir. Les égoutter et les assaisonner avec la vinaigrette. Mettre 1 heure au frais avant de servir.

Saupoudrer le dessus de pignons de pin fraîchement grillés.

Manitaria sauté
Champignons à la grecque

Prép. : 20 mn. - Cuiss. : 15 mn.

8 pers.

---

1 kg. de champignons de Paris
200 g. de petits oignons grelots
10 cl. d'huile d'olive
10 cl. de vin blanc
Le jus de 2 citrons

1 bouquet garni
Sel, poivre en grains
Coriandre
1 citron.

Faire suer les oignons dans une cocotte avec l'huile, ajouter les champignons lavés et coupés en quartiers, le jus de citron, le vin blanc, le bouquet garni et l'assaisonnement. Cuire à couvert.

Retirer les légumes. Réduire le fond de cuisson à la quantité nécessaire. Retirer le bouquet garni. Dresser en ravier et mettre au frais. Décorer de tranches de citron.

On peut ajouter à cette recette de la tomate concassée (p. 7) ou de la sauce tomate (p. 9).

Kounoupidhi salata
Chou-fleur à la grecque

Prép. : 15 mn. - Cuiss. : 20 mn.

8 pers.

1,2 kg. de fleurs de chou-fleur
200 g. de petits oignons grelots
10 cl. d'huile d'olive
10 cl. de vin blanc
Le jus de 2 citrons
1 cuil. à soupe de concentré de tomate

1 bouquet garni
Sel, poivre
Coriandre
1 citron
1 branche d'aneth hachée.

Faire suer les oignons à l'huile. Ajouter les fleurs de chou-fleur. Laisser cuire 5 minutes. Ajouter la tomate, mélanger, assaisonner, ajouter le bouquet garni, le vin blanc et le jus de citron. Cuire à couvert 15 minutes. Laisser refroidir.

Dresser dans un saladier. Décorer de tranches de citron. Saupoudrer d'aneth haché.

Marouli
Salade grecque

XO

Prép. : 10 mn.
4 pers.

1 laitue	*Vinaigrette à l'huile d'olive (p. 9)*
3 tomates en quartiers	*1 cuil. à soupe de persil haché*
1 petit concombre	*1 cuil. à café de marjolaine*
200 g. de feta	*20 olives noires.*

Nettoyer, laver la laitue, la mettre dans un saladier. Entourer avec les quartiers de tomate. Eplucher et épépiner le concombre, l'émincer et l'ajouter sur la salade. Poser des cubes de feta.

Verser la vinaigrette. Saupoudrer de persil et de marjolaine. Ajouter les olives noires.

Dolmadakia
Feuilles de vigne farcies

Prép. : 1 h. - Cuiss. : 1 h.

10 pers.

60 feuilles de vigne	*2 cuil. à soupe de menthe hachée*
250 g. de viande de bœuf bouillie	*Sel, poivre*
(pot-au-feu)	*Muscade*
250 g. de riz cru	*Cannelle*
3 oignons hachés	*Huile d'olive*
100 g. de raisins de Corinthe	*Le jus d'un citron.*
80 g. de pignons de pin	

Choisir des jeunes feuilles de vigne tendres, les laver et les blanchir 10 minutes à l'eau bouillante.

Faire revenir les oignons à l'huile d'olive, ajouter la viande hachée, la menthe, l'assaisonnement, le riz cru, les pignons, les raisins. Ajouter 1 dl. d'eau et cuire 5 minutes. Assaisonner.

Déposer un peu de farce au centre de chaque feuille. Fermer chaque feuille. Façonner en rectangle. Poser les feuilles farcies dans une cocotte. Ajouter le jus d'un citron. Couvrir d'eau et poser un poids sur les feuilles pour éviter qu'elles ne s'ouvrent pendant la cuisson. Cuire 1 heure à petit feu. Servir froid ou tiède.

Les feuilles de vigne se vendent aussi en conserve dans les épiceries spécialisées.
On peut remplacer les feuilles de vigne par des feuilles de blette ou de chou.

Escargots en tomate

Prép. : 10 mn. - Cuiss. : 10 mn.

6 pers.

1/2 l. de sauce tomate (p. 9)	*Persil*
1 boîte de 5 douzaines d'escargots au	*4 gousses d'ail*
naturel	*40 g. de beurre*
Sel, poivre	*Basilic.*
Origan	

Faire sauter les escargots égouttés au beurre quelques minutes. Ajouter l'ail haché, le persil, le sel, le poivre, l'origan et la sauce tomate.

Retirer du feu à ébullition. Dresser en petites cassolettes individuelles et saupoudrer de basilic haché.

Fasolakia mavromitika salata
Salade de fèves

✕ ∞

Prép. : 10 mn. - Cuiss. : 35 mn.

6 pers.

500 g. de fèves	*1 oignon*
2 gousses d'ail écrasées	*Olives noires*
Sel, poivre	*Vinaigrette à l'huile d'olive (p. 9)*
2 tomates	*1 cuil. à soupe de persil haché.*

Cuire les fèves à grande eau salée. Les égoutter et ajouter l'oignon haché fin, l'ail, la vinaigrette, le persil haché. Dresser dans un saladier. Décorer de quartiers de tomate et d'olives noires.

Prasso salata
Salade de poireaux safranée

✕ ○

Prép. : 10 mn. - Cuiss. : 25 mn.

8 pers.

1 kg. de blanc de poireaux	*1 bouquet garni*
2 gros oignons émincés	*Sel, poivre*
10 cl. d'huile d'olive	*Coriandre*
10 cl. de vin blanc	*1 pincée de safran*
Le jus de 2 citrons	*1 cuil. à soupe de persil haché*
1 cuil. à soupe de concentré de tomate	*Vinaigrette (p. 9).*

Emincer les poireaux lavés.

Faire suer les oignons à l'huile, ajouter l'émincé de poireaux. Laisser cuire 10 minutes puis ajouter la tomate. Mélanger.

Ajouter l'assaisonnement, le bouquet garni, le safran, le vin blanc et le jus de citron. Cuire à couvert 15 minutes à petit feu.

Dresser dans un saladier, saupoudrer de persil haché. Arroser de vinaigrette et servir.

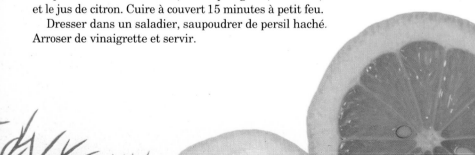

Salata me karivides
Salade aux langoustines

🍴 ⦿⦿⦿

Prép. : 20 mn. - Cuiss. : 3 mn.
6 pers.

30 langoustines
1 cuil. à soupe d'huile d'olive
1 branche d'aneth

Tsatsiki (p. 28)
2 citrons.

Cuire les langoustines 3 minutes à grande eau salée. Les égoutter et les décortiquer.
Mélanger les langoustines, le tsatsiki, l'aneth haché et l'huile d'olive.
Dresser dans des verres. Décorer d'un brin d'aneth et d'une tranche de citron.
Servir très frais.

Salade de pois chiches
Araka salata

✗ ○

Prép. : 10 mn. - Repos : 1 h.
6 pers.

500 g. de pois chiches cuits
1 oignon haché fin
Vinaigrette à l'huile d'olive (p. 9)

2 gousses d'ail hachées
1 cuil. à soupe de persil.

Mélanger aux pois chiches l'oignon, l'ail et le persil hachés. Arroser de vinaigrette. Mettre 1 heure au frais avant de servir.

Skorthalia

✗ ○

Prép. : 15 mn. - Cuiss. : 20 mn.
6 pers.

500 g. de pommes de terre cuites à l'eau
et épluchées
10 gousses d'ail

3 cl. d'huile d'olive
2 cuil. à soupe de vinaigre
Sel, poivre.

Piler l'ail. Ajouter les pommes de terre. Piler pour obtenir une pâte. Ajouter l'huile peu à peu en filet puis le vinaigre et l'assaisonnement.
Dresser en saladier. Lisser la surface en dôme et servir.

Taramokeftedes
Galettes de tarama

Repos : 10 mn. - Prép. : 20 mn.
Cuiss. : 6 mn. - 8 pers.

200 g. d'œufs de cabillaud	Persil et aneth hachés
250 g. de mie de pain	Poivre
1 verre de lait	Cannelle
2 gousses d'ail hachées	1 dl. d'huile d'olive
1 oignon haché	2 citrons.
2 cuil. à soupe de menthe	

Mettre les œufs de cabillaud à dessaler. Arroser la mie de pain de lait. Laisser reposer.

Mélanger les œufs de cabillaud avec le pain essoré. Ajouter l'oignon, l'ail, les herbes hachées, le poivre, la cannelle. Travailler le tout pour former une pâte. Faire des boulettes à l'aide d'une cuillère. Les déposer dans une poêle contenant de l'huile chaude. Les retourner à mi-cuisson et terminer de les dorer. Egoutter sur du papier absorbant.

Dresser sur un plat et servir avec des quartiers de citron.

Tsatsiki

✗ ○

Repos : 1 h. - Prép. : 15 mn.
8 pers.

1/2 l. de yaourt
3 gousses d'ail hachées
1 concombre

Quelques feuilles de menthe hachées
Sel, poivre
1 cuil. à soupe d'huile d'olive.

Peler et épépiner le concombre. L'émincer très fin. Saler et laisser dégorger 1 heure. L'égoutter et l'ajouter au yaourt. Ajouter l'ail, la menthe, l'huile et l'assaisonnement.

Servir très frais, dressé en saladier.

Fava
Vesces en purée

✗ ○

Trempage : 6 h. - Prép. : 20 mn. - Cuiss. : 45 mn.
Repos : 1 h. - 4 pers.

---

500 g. de vesces*
1 oignon
2 feuilles de laurier
1 clou de girofle
1 carotte

1 petit bouquet de persil
2 cuil. à soupe d'huile d'olive
Le jus d'un citron
Sel, poivre.

Laisser tremper les vesces pour les ramollir.

Les cuire 45 minutes à l'eau salée avec le laurier, le clou de girofle, la carotte, l'oignon et le persil. Ecumer de temps en temps. En fin de cuisson, les égoutter et les réduire en purée.

Ajouter l'huile, le citron, le sel et le poivre. Mettre au frais 1 heure.

Dresser dans un saladier et servir.

* Les vesces sont des légumineux de couleur jaune rappelant les pois cassés.

Pâte phyllo
Recette de base

Prép. : 30 mn. - Repos : 1 h. 30 mn.

8 pers.

---

500 g. de farine	*1 pincée de sel*
3 cuil. à soupe d'huile d'olive	*Eau.*
1 œuf	

Réunir tous les ingrédients. Pétrir 10 minutes. On doit obtenir une pâte élastique (comme une pâte à nouilles).

Diviser en 4, laisser reposer 30 minutes. Etaler aussi fin que possible (comme du papier). Laisser sécher 1 heure avant de les utiliser.

On trouve des feuilles de phyllo toutes faites dans les épiceries grecques.

LES PITTAS

Les pittas se préparent avec des feuilles de phyllo. Ces feuilles d'une minceur exceptionnelle mesurent 48,5 cm sur 36,5 cm.

Pour l'utilisation :
Etaler une feuille sur le plan de travail, la badigeonner de beurre fondu, recouvrir d'une deuxième feuille et la badigeonner de beurre fondu. Continuer avec 2 autres feuilles.

Etaler la farce (viande, épinard, etc.) sur la moitié de la feuille en une couche régulière à l'aide d'une spatule. Replier la feuille. Souder les bords. Tailler en deux dans la longueur puis détailler chacun des deux rectangles en portions de la grandeur et de la forme désirées (triangles ou carrés).

Poser chaque pitta sur une tôle huilée à l'huile d'olive et enfourner au four th. 6-7 pendant 20 minutes.

On peut remplacer les feuilles de phyllo par des galettes de maïs que l'on utilise généralement pour la fabrication des rouleaux de printemps (voir la notice d'utilisation sur le dos du paquet). Ces galettes se trouvent plus facilement en grandes surfaces.

En fin de cuisson, présenter les pittas sur un plat garni d'une feuille de papier gaufré. Garnir de quelques brins de persil.

Spanakopitta
Friands aux épinards

✗✗✗ ○

Prép. : 40 mn. - Cuiss. : 15 mn.

8 pers.

8 feuilles de phyllo	2 œufs
800 g. d'épinards	5 cl. d'huile d'olive
1,5 dl. de béchamel (p. 8)	150 g. de beurre
1 oignon haché	1 bouquet de persil
Sel, poivre	80 g. de beurre.
Muscade	

Cuire les épinards à grande eau bouillante salée. Les égoutter. Faire revenir l'oignon haché dans un peu d'huile, ajouter les épinards, la béchamel, l'assaisonnement et les œufs battus.

Etaler une feuille de phyllo sur le plan de travail, la badigeonner de beurre fondu, recouvrir d'une deuxième feuille, badigeonner de beurre fondu et recommencer la même opération avec deux autres feuilles de phyllo.

Etaler la moitié des épinards sur la moitié de cette couche de feuilles de phyllo. Plier les feuilles en 2. Tailler en deux dans la longueur puis détailler en portions de grandeur et de forme désirées. Poser chaque pitta sur une tôle huilée à l'huile d'olive et enfourner, th. 7 (210° C). Recommencer l'opération avec le reste des ingrédients.

En fin de cuisson, dresser sur un plat garni d'un papier dentelle et décorer de brins de persil.

Tyropitta
Friands au fromage

Prép. : 40 mn. - Cuiss. : 15 mn., th. 6.

8 pers.

500 g. de feta	1 cuil. à soupe de persil haché
8 feuilles de phyllo	Poivre
50 g. de beurre	Muscade
50 g. de farine	1 dl. d'huile d'olive
1/2 l. de lait	80 g. de beurre fondu
2 œufs	Persil.

Préparer un roux avec le beurre et la farine. Ajouter le lait bouillant assaisonné de poivre et de muscade. Remuer sans arrêt sur feu doux pour épaissir. Retirer du feu et ajouter les œufs battus, le persil haché, la feta émiettée. Travailler pour avoir une pâte lisse. Laisser refroidir.

Etaler une feuille de phyllo sur le plan de travail, la badigeonner de beurre fondu, recouvrir d'une deuxième feuille, badigeonner de beurre fondu, recommencer la même opération avec deux autres feuilles de phyllo. Sur une moitié de cette couche de feuilles de phyllo, étaler la moitié de la précédente préparation. Replier les feuilles pour recouvrir l'ensemble. Tailler en deux dans la longueur puis détailler en portions. Poser chaque pitta sur une tôle huilée à l'huile d'olive et enfourner, th. 6 (180° C). Recommencer l'opération avec le reste des ingrédients.

En fin de cuisson, dresser sur un plat garni d'un papier dentelle et décorer de brins de persil.

Kreatopitta
Friands à la viande

Prép. : 25 mn. - Cuiss. : 20 mn., th. 7.

8 pers.

500 g. de viande de bœuf hachée	Muscade
8 feuilles de phyllo	1 pincée de cannelle
1/4 l. de sauce tomate (p. 9)	5 cl. d'huile d'olive
1 cuil. à soupe de concentré de tomate	1 cuil. à soupe de persil haché
1 gros oignon haché	80 g. de beurre.
Sel, poivre	

Hacher l'oignon et le faire revenir dans l'huile d'olive. Ajouter la viande et l'assaisonnement. Lorsque la viande est revenue, ajouter la sauce tomate. Cuire 30 minutes à couvert puis ajouter la tomate concentrée. Vérifier l'assaisonnement, ajouter le persil haché. Débarrasser dans un récipient et laisser refroidir.

Procéder de la même façon que pour ceux au fromage.

Omeletta me kolokythakia
Omelette aux courgettes

Prép. : 10 mn. - Cuiss. : 20 mn.

6 pers.

800 g. de courgettes
3 tomates pelées, épépinées et concassées
1 gousse d'ail
2,5 cl. d'huile d'olive
15 œufs

1 cuil. à soupe de persil et de basilic
hachés
80 g. de fromage râpé (kefalotiri ou
graviera)
Sel, poivre.

Laver les courgettes et les tailler en rondelles. Les faire sauter à l'huile. Assaisonner. Ajouter les tomates et l'ail. Cuire à feu doux 15 minutes. Ajouter le persil, le basilic hachés et le fromage râpé.

Incorporer les œufs battus. Confectionner et cuire l'omelette de façon traditionnelle.

Omeletta me feta

Omelette à la feta

Prép. : 5 mn. - Cuiss. : 5 mn.
6 pers.

15 œufs	*Sel, poivre*
60 g. de beurre	*Origan.*
250 g. de feta	

Battre les œufs avec une fourchette. Assaisonner. Tailler la feta en petits cubes.
Cuire l'omelette de façon traditionnelle. Ajouter les cubes de feta avant de la plier.

Omeletta me dolmates
Omelette aux tomates

✗ ○

Prép. : 5 mn. - Cuiss. : 15 mn.
6 pers.

---

*1 kg. de tomates pelées, épépinées et
concassées
15 œufs
1 oignon émincé
2 gousses d'ail émincées
Basilic*

*1 pincée de sucre
50 g. de beurre
2,5 cl. d'huile d'olive
Sel, poivre
Origan.*

Faire revenir l'oignon et l'ail dans l'huile. Ajouter la tomate concassée, le sel, le poivre, le sucre, le basilic et l'origan. Cuire 10 minutes pour faire évaporer l'eau.

Préparer et cuire l'omelette de façon traditionnelle. La garnir de concassée de tomate au moment du pliage.

Froutalia
Omelette plate aux pommes de terre

✕ ◯◯

Prép. : 15 mn. - Cuiss. : 20 mn.

6 pers.

700 g. de pommes de terre
15 œufs
200 g. de lard fumé en dés
2 oignons émincés
2 gousses d'ail émincées

2,5 cl. d'huile d'olive
Quelques feuilles de menthe hachées
Sel, poivre
Tsatsiki (p. 28).

Emincer les pommes de terre lavées. Les faire sauter à l'huile avec les oignons et l'ail en les remuant de temps en temps jusqu'à ce qu'elles soient dorées et croustillantes. Ajouter le lard, cuire encore 2 minutes. Ajouter la menthe. Verser les œufs battus et assaisonnés. Lorsque les œufs commencent à prendre, la retourner pour dorer l'autre face. En fin de cuisson, la faire glisser sur un plat rond.

Accompagner de tsatsiki.

Kakavia
Bouillabaisse grecque

Prép. : 30 mn. - Cuiss. : 50 mn.

6 pers.

3 rougets	*2 carottes émincées*
1 saint-pierre	*1 branche de céleri*
3 grondins	*1 bouquet garni*
12 crevettes	*2 oignons émincés*
3 merlans	*2 citrons*
500 g. de tomates	*5 cl. d'huile d'olive*
3 pommes de terre	*Sel, poivre*
2 gousses d'ail	*Pistils de safran.*

Préparer un bouillon avec le bouquet garni, les oignons, les carottes, le céleri, l'ail, les pommes de terre, les tomates, le sel et le safran. Cuire 30 minutes.

Passer à la moulinette puis au chinois, ajouter l'huile d'olive et le saint-pierre. Cuire 8 minutes. Ajouter les autres poissons et laisser cuire jusqu'à terme à petit feu, environ 10 à 15 minutes.

Servir les poissons dans le bouillon. Au dernier moment, arroser de jus de citron.

Psari me kolokythia
Colin aux courgettes

Prép. : 20 mn. - Cuiss. : 20 mn.

4 pers.

6 darnes de colin	*Menthe*
1,5 dl. d'huile d'olive	*2 cuil. à soupe d'aneth haché*
3 oignons émincés	*1/2 l. de sauce tomate (p. 9)*
800 g. de courgettes	*2 citrons*
8 gousses d'ail hachées	*Sel, poivre.*
Persil	

Faire revenir les oignons et l'ail à l'huile, ajouter la menthe, le persil et l'aneth hachés, le sel et le poivre.

Tailler les courgettes en rondelles et les faire revenir à l'huile (10 minutes). Les ajouter à la précédente préparation. Mélanger le tout. En disposer la moitié dans un plat allant au four. Poser les darnes de colin assaisonnées. Ajouter la sauce tomate avec le reste de courgettes.

Cuire au four, th. 6 (180° C). Servir dans le plat de cuisson. Décorer de citrons coupés en quartiers.

Tsipoura sto fourno me lemoni   ✕ ⚭
Daurade au four au citron

Marinade : 12 h. - Prép. : 10 mn.
Cuiss. : 25 mn. - 4 pers.

---

2 daurades moyennes
150 g. de sucre
8 citrons
1,5 dl. d'huile d'olive

Sel, poivre
Origan
8 tomates.

La veille de la préparation, tailler les citrons en rondelles et les mettre à mariner avec le sucre et l'origan.

Le lendemain, poser une rangée de rondelles de citron dans un plat allant au four, une rangée de rondelles de tomate puis les daurades nettoyées et vidées. Assaisonner. Recouvrir de tomate et de citron. Arroser d'huile et enfourner, th. 7 (210° C).

Servir tel quel à la sortie du four.

Kalamarakia yemista
Encornets farcis

XX ⚭

Prép. : 1 h. - Cuiss. : 45 mn.

4 pers.

4 encornets	*50 g. de pignons de pin*
2 dl. d'huile d'olive	*50 g. de raisins de Corinthe*
100 g. de riz	*Sel, poivre*
2 oignons hachés	*1 cuil. à soupe de basilic*
2 gousses d'ail hachées	*1/4 l. d'eau pour la cuisson du riz*
2 cuil. à soupe de persil haché	*1 feuille de laurier.*
1/2 l. de sauce tomate (p. 9)	

Nettoyer les calmars. Tailler les tentacules en dés. Les faire revenir à l'huile avec les oignons et l'ail pendant 10 minutes.

Ajouter le riz, le laurier, l'eau chaude, l'assaisonnement, les pignons et les raisins. Cuire à couvert 20 minutes. Laisser refroidir.

Remplir chaque poche d'encornet de la précédente préparation. Les fermer en les cousant avec du fil. Les poser dans une cocotte, ajouter la sauce tomate et cuire à feu doux.

Pour servir, dresser sur un plat, entourer de sauce, saupoudrer de basilic haché.

Filets de lieu en papillote

Marinade : 1 h. - Prép. : 15 mn. - Cuiss. : 15 mn.

4 pers.

---

2 filets de lieu noir (ou 500 g.)
5 cl. d'huile d'olive (cuisson des filets)
1 citron
4 feuilles de phyllo
Sel, poivre
Origan

5 cl. d'huile d'olive
Le jus d'un citron
4 petites tomates
70 g. de beurre fondu
1 bouquet de persil.

Assaisonner les filets de poisson et les mettre à mariner 1 heure dans l'huile et le jus de citron.

Les égoutter et les dorer à la poêle. Les laisser refroidir.

Etaler 2 feuilles de phyllo sur la table, les badigeonner de beurre fondu à l'aide d'un pinceau, les plier en deux et poser sur chaque feuille un filet de poisson, recouvrir de tranches de tomate assaisonnées puis d'une feuille de phyllo pliée en deux et badigeonnée de beurre fondu. Replier les bords et retourner les papillotes sur une plaque huilée allant au four. Cuire 5 minutes à four chaud, th. 7 (210° C), le temps de rendre les feuilles croustillantes et de chauffer l'intérieur.

A la sortie du four, dresser sur un plat de service, décorer de quelques bouquets de persil et de tranches de citron.

Servir avec une salade verte.

Bakalarias panne
Filets de merlan panés

Prép. : 15 mn. - Cuiss. : 8 mn.

6 pers.

---

12 filets de merlan
60 g. de farine
2 œufs
200 g. de chapelure

2 citrons
1,5 dl. d'huile d'olive
Sel, poivre
Tsatsiki (p. 28).

Assaisonner les filets de merlan, les passer successivement dans la farine, les œufs battus puis dans la chapelure.

Les dorer dans l'huile à la poêle. Ils doivent être croustillants.

Dresser sur un plat en décorant de citrons en quartiers. Accompagner de tsatsiki.

Ce plat se prépare aussi avec du rouget.

Psari sti skara
Poissons grillés

Marinade : 2 h. - Prép. : 10 mn.
Cuiss. : selon la grosseur du poisson. - 8 pers.

1 kg. de poissons au choix	*Sel, poivre*
2 dl. d'huile d'olive	*Origan*
Le jus d'un citron	*3 citrons.*

Mettre les poissons assaisonnés à mariner dans l'huile et le jus de citron pendant 2 heures.

Les griller au barbecue en arrosant de marinade. Servir avec des quartiers de citron.

En Grèce, la plupart des poissons se servent grillés : rougets, thon, sardines, daurades, grondins, espadons, mulets.

Bakaliaros me skorthalia
Beignets de morue skorthalia

Dessalage : 1 nuit. - Prép. : 25 mn.
Cuiss. : 8 mn. à la friture. - 6 pers.

1 kg. de morue	*Skorthalia (p. 26)*
Pâte à beignets (p. 7)	*Huile d'olive.*

Mettre la morue à dessaler pendant la nuit sous un mince filet d'eau froide. La mettre ensuite à pocher à l'eau froide sans sel. Arrêter le feu dès les premiers bouillons. L'égoutter.

Couper la morue en cubes et passer les morceaux dans la pâte à beignets. Mettre à frire jusqu'à ce que les morceaux soient croustillants. Les égoutter sur du papier absorbant.

Dresser en dôme sur un plat et accompagner de skorthalia.

Bakaliaros kroketakia
Croquettes de morue

Dessalage : 24 h. - Prép. : 40 mn.
Cuiss. : 45 mn. - Repos : 3 h. - 6 pers.

500 g. de filets de morue salée	*1 cuil. à soupe de persil haché*
500 g. de pommes de terre	*100 g. de fromage râpé*
50 g. de beurre	*3 cuil. à soupe de farine*
2 dl. de lait	*200 g. de chapelure*
Poivre	*Huile d'olive*
Muscade	*1 bouquet de persil*
2 œufs	*3 citrons.*

Mettre les filets de morue à tremper à l'eau froide pendant 24 heures. L'émietter et la mettre dans une casserole avec les pommes de terre coupées en quartiers, le beurre, le lait, le poivre, la muscade. Cuire à couvert sur feu doux.

Retirer du feu et ajouter 1 œuf entier, 1 jaune d'œuf, le persil et le fromage. Travailler à la spatule pour obtenir une pâte. Mettre au frais pendant 3 heures.

Former des petits rouleaux, les passer successivement dans la farine, dans le blanc d'œuf battu avec un peu d'huile d'olive et dans la chapelure. Frire à l'huile d'olive. Egoutter sur du papier absorbant.

Dresser sur le plat avec quelques brins de persil et décorer de quartiers de citron.

Octapodi vrasto
Poulpe mariné

XX ∞

Prép. : 25 mn. - Cuiss. : 1 h. 30 mn.
6 pers.

1 poulpe de 1,2 à 1,5 kg.
4 gousses d'ail écrasées
1/8 l. d'huile d'olive
5 cl. de vinaigre
2 cuil. à soupe de persil haché
Sel, poivre du moulin
2 feuilles de laurier

1 pincée de coriandre
1 carotte
1 oignon
1 clou de girofle
1 bouquet de persil
1 cuil. à soupe de persil haché.

Battre le poulpe à l'aide d'un rouleau à pâtisserie pour l'attendrir.

Le nettoyer, le tronçonner, le mettre dans une casserole avec de l'eau bouillante, la carotte, l'oignon, le clou de girofle et le bouquet de persil. Assaisonner avec le sel, le laurier. Couvrir la casserole et cuire doucement le poulpe jusqu'à ce qu'il soit tendre.

Mélanger l'huile, le vinaigre, l'ail, le persil, le sel, le poivre, la coriandre et verser le tout sur le poulpe débarrassé dans un saladier.

Pour servir, saupoudrer de persil haché.

Le poulpe ainsi préparé se conservera quelques jours au réfrigérateur.

Octapodi me krassi
Poulpe au vin rouge

XX ∞

Prép. : 30 mn. - Cuiss. : 1 h. 30 mn.

6 pers.

1,5 kg. de poulpe	Sel, poivre
1 dl. d'huile d'olive	Origan
2 oignons émincés	Cannelle
3 gousses d'ail hachées	1 bouquet garni
2 feuilles de laurier	1 cuil. à soupe de basilic haché
1 clou de girofle	500 g. de pommes de terre
1/2 l. de bon vin rouge	1 cuil. à soupe de concentré de tomate.

Laver, nettoyer le poulpe. Le tronçonner en morceaux de 1 cm.

Faire revenir les oignons et l'ail à l'huile. Ajouter le poulpe. Le faire revenir. Ajouter le vin rouge, le bouquet garni, le clou de girofle, le laurier, le sel, le poivre, le concentré de tomate, la cannelle et l'origan.

Cuire à couvert environ 1 heure. Si nécessaire, ajouter un peu d'eau pendant la cuisson. Après 1 heure de cuisson ajouter les pommes de terre en quartiers et poursuivre la cuisson à terme.

Pour servir, retirer le bouquet garni, dresser dans un plat creux et saupoudrer de basilic.

Crevettes à la grecolimano

✕ ◯◯◯

Marinade : 1 h. - Prép. : 20 mn. - Cuiss. : 10 mn.

6 pers.

36 grosses crevettes	*2 citrons*
500 g. de tomates concassées (p. 7)	*Sel, poivre*
200 g. de feta	*Thym.*
3 cuil. à soupe d'huile d'olive	

Décortiquer les queues de crevettes en laissant la tête. Les mettre à mariner 1 heure dans le jus d'un citron avec l'assaisonnement et 1 cuillerée d'huile d'olive.

Les faire sauter rapidement à l'huile d'olive. Ajouter la concassée de tomate en fin de cuisson et le fromage en petits morceaux. Dresser les crevettes sur un plat, napper de sauce et décorer avec des quartiers de citron.

On peut remplacer la feta par un autre fromage de brebis vendu plus couramment.

Gharides vrastes
Crevettes au court-bouillon

✕ ◯◯◯

Prép. : 10 mn. - Cuiss. : 25 mn.

6 pers.

1 kg. de grosses crevettes	*1 petit bouquet de persil*
1 dl. de vin blanc	*1 dl. d'huile d'olive*
1 carotte émincée	*Le jus d'un demi-citron*
1 oignon émincé	*1 cuil. à soupe de cumin*
2 feuilles de laurier	*1 citron.*
Sel, poivre en grains	

Préparer un court-bouillon avec 1/2 l. d'eau, le vin blanc, l'oignon, la carotte, le laurier, le poivre en grains, le sel, le cumin et le persil. Faire bouillir 15 minutes puis ajouter les crevettes lavées. Cuire 10 minutes à petit feu.

Disposer les crevettes dans un plat, arroser d'huile d'olive et de jus de citron.

Décorer de rondelles de citron et de persil en branche.

Garides sto fourno
Gratin de crevettes aux pâtes

✗ ⦾⦾⦾

Prép. : 15 mn. - Cuiss. : 20 mn.

6 pers.

1,5 kg. de crevettes
300 g. de coquillettes

700 g. de concassée de tomate (p. 7)
400 g. de kasseri râpé.

Cuire les coquillettes al dente à grande eau salée.

Décortiquer les crevettes, les mélanger aux pâtes, ajouter la concassée de tomate.

Dresser le tout dans un plat allant au four et saupoudrer la surface de kasseri râpé. Enfourner pour chauffer et gratiner. Servir dans le plat de cuisson.

Astakos me ladolemono

X OOO

Langouste au naturel au citron

Prép. : 15 mn. - Cuiss. : 20 mn./kg.

2 pers.

1 langouste
1 court-bouillon
Le jus d'un citron

1 cuil. à café de moutarde
3 cuil. à soupe d'huile d'olive
Origan.

Pocher la langouste au court-bouillon puis la couper en deux dans la longueur. Retirer le boyau et la poche à gravier.

Mélanger l'huile, le jus de citron et la moutarde. Verser la sauce sur la langouste, saupoudrer d'origan et servir.

REMARQUE

La langouste doit être achetée bien fraîche et vivante. Elle doit se débattre quand on la saisit, avoir une carapace sans trous et des membres intacts.

Cette recette convient également pour le homard ou les langoustines.

Astakos sti skara
Langouste grillée

✕ ○○○

Prép. : 5 mn. - Cuiss. : 20 mn.
2 pers.

---

1 langouste
5 cl. d'huile d'olive
Sel, poivre

Origan
1 citron
Mayonnaise.

Couper la langouste vivante en deux en commençant par la tête. Retirer le boyau et la poche à gravier. Assaisonner. Passer les deux moitiés de langouste dans l'huile et les poser sur le gril ou sur le barbecue. Les retourner de temps en temps durant la cuisson.

Servir accompagné de quartiers de citron et de mayonnaise à l'origan.

Scampis grillés au vieux port du Pirée

✗✗ ⊙⊙⊙

Marinade : 2 h. - Prép. : 30 mn. - Cuiss. : 15 mn.

4 pers.

16 scampis	*25 g. de grains de maïs*
4 tranches de jambon cru	*4 olives noires émincées*
2 cuil. à soupe d'huile	*250 g. de nouilles*
Le jus d'un demi-citron	*1,5 dl. de sauce béarnaise*
30 g. de julienne de poivron rouge	*5 cl. de crème fouettée*
30 g. de beurre	*Sel, poivre*
4 olives farcies émincées	*Thym.*

Décortiquer les scampis et les assaisonner. Les mettre à mariner 2 heures au frais dans l'huile et le jus de citron. Les égoutter. Les entourer de tranches de jambon cru. Faire griller quelques minutes.

Faire revenir au beurre le poivron rouge, puis les olives et le maïs. Cuire les nouilles, les mélanger avec la sauce béarnaise et la crème fouettée. Verser sur un plat, placer les scampis sur les nouilles. Ajouter le poivron, le maïs et les olives.

Mithia tighanita
Moules frites

✗ ○

Prép. : 30 mn. - Cuiss. : 15 mn.

6 pers.

2,5 kg. de moules	*1 cuil. à soupe d'huile d'olive*
2 œufs	*4 dl. de lait*
2 échalotes hachées	*Sel, poivre*
1 dl. de vin blanc	*Huile d'olive friture*
150 g. de farine	*2 citrons.*

Laver et gratter les moules. Les cuire à couvert avec le vin et les échalotes. Les décoquiller.

Mélanger la farine avec l'huile, le lait, 1 œuf, le sel et le poivre. Ajouter le blanc en neige à la fin.

Passer les moules dans la pâte puis les frire jusqu'à ce qu'elles soient dorées et croustillantes. Accompagner de quartiers de citron.

Ortibia yemissta
Cailles farcies

XXX ∞

Prép. : 20 mn. - Cuiss. : 30 mn.
4 pers.

4 cailles	*1 dl. de vin blanc*
100 g. de mie de pain	*30 g. de pignons de pin*
1 verre de lait	*30 g. de raisins de Corinthe*
1 oignon	*Sel, poivre*
2 gousses d'ail	*Origan*
1 cuil. à soupe de persil et basilic hachés	*1 dl. d'huile d'olive.*
100 g. de lard fumé et haché	

Flamber et vider les cailles. Récupérer les foies, les faire sauter à l'huile puis les hacher.

Faire revenir l'oignon et l'ail hachés à l'huile, ajouter les foies, le lard, les pignons, les raisins, le persil, le basilic, la mie de pain trempée au lait puis pressée et l'assaisonnement. Farcir les cailles assaisonnées avec cette préparation. Les ficeler. Les disposer dans un plat allant au four. Les arroser d'huile. Cuire 20 minutes, th. 6 (180° C), en arrosant souvent.

Les retirer du plat en fin de cuisson, jeter la graisse. Déglacer avec le vin blanc, réduire d'un tiers. Arroser avec la sauce passée au chinois les cailles dressées sur un plat.

Papia fricasse
Fricassée de canard

X ∞

Prép. : 15 mn. - Cuiss. : 1 h.
4 pers.

1 canard	*Le jus de 2 oranges*
1/2 dl. d'huile d'olive	*1 dl. de vin blanc*
2 dl. de bouillon de poule	*Sel, poivre*
2 oignons émincés	*Origan*
2 gousses d'ail	*2 feuilles de laurier.*

Flamber et vider le canard. Le couper en morceaux. Les dorer à l'huile sur toutes les faces. Assaisonner. Ajouter le bouillon, les oignons et l'ail revenus à l'huile, le jus d'orange, le vin blanc, le laurier. Cuire 45 minutes environ à couvert.

En fin de cuisson, retirer les morceaux de canard, les dresser sur un plat.

Servir nappé du jus de cuisson.

Kouneli fricasse
Fricassée de lapin au citron

Marinade : 3 h. - Prép. : 15 mn.
Cuiss. : 1 h. - 6 pers.

1 lapin	*Sel, poivre*
10 citrons	*Marjolaine*
1 dl. d'huile d'olive	*1 cuil. à café de persil haché.*

Tronçonner le lapin en morceaux et les mettre dans le jus de 8 citrons pendant 3 heures.

Les éponger et les assaisonner. Les disposer dans un plat allant au four, arroser d'huile et cuire à four chaud, th. 7 (210° C). Pendant la cuisson, arroser régulièrement avec le jus de citron de la marinade.

En fin de cuisson, dresser les morceaux de lapin dans un plat de service, arroser avec le jus de cuisson, saupoudrer de persil et décorer avec les citrons restants.

Servir avec des pommes de terre rôties au four en même temps que le lapin.

Kotopoulo me bamies
Poulet aux cornes grecques

Prép. : 20 mn. - Cuiss. : 45 mn.

4 pers.

1 poulet	*1/2 dl. d'huile d'olive*
1 kg. de cornes grecques ou gombos	*Sel, poivre*
2 oignons émincés	*Marjolaine*
2 gousses d'ail émincées	*2 feuilles de laurier*
500 g. de concassée de tomate (p. 7)	*1 cuil. à soupe de persil haché.*

Couper le pied conique des cornes et les laver. Les blanchir 3 minutes à l'eau bouillante puis les rafraîchir.

Couper le poulet vidé en morceaux. Les assaisonner et les faire dorer à l'huile. Faire revenir les oignons et l'ail à leur place puis ajouter les gombos, la concassée de tomate, l'assaisonnement et les morceaux de poulet. Cuire 40 minutes à couvert.

Servir dans un plat creux, saupoudré de persil haché.

On peut utiliser des gombos en boîte. Dans ce cas, cuire le poulet dans la tomate et ajouter les gombos en fin de cuisson.

Kotopoulo skorthalia
Poulet skorthalia

Marinade : 2 h. - Prép. : 25 mn. - Cuiss. : 40 mn.

4 pers.

1 poulet	*Skorthalia (p. 26)*
1 dl. d'huile d'olive	*Sel, poivre*
2 dl. de vinaigre	*Origan*
5 dl. d'eau	*1 cuil. à soupe de basilic haché.*

Vider et flamber le poulet, le couper en morceaux. Les mettre à mariner 2 heures dans le vinaigre et l'eau.

Retirer les morceaux de poulet, les éponger, les assaisonner et les faire dorer à l'huile. Les cuire 40 minutes dans une cocotte à four moyen, th. 5 (150° C). Arroser souvent pendant la cuisson.

Retirer le poulet. Jeter la graisse de cuisson et déglacer avec 3 dl. de marinade. Réduire d'un tiers. Enduire les morceaux de poulet de skorthalia et les remettre 10 minutes au four.

Dresser sur un plat de service, entourer du jus de cuisson passé au chinois. Saupoudrer de basilic.

Domates yemistes
Tomates farcies

XX ⚭

Repos : 1 h. - Prép. : 20 mn. - Cuiss. : 30 mn.

6 pers.

6 grosses tomates ou 12 petites
500 g. de viande de veau hachée
150 g. de riz cuit
1/2 dl. d'huile d'olive
1 gros oignon haché
2 gousses d'ail
50 g. de pignons de pin

50 g. de raisins de Corinthe
Sel, poivre
Cannelle
Marjolaine
Safran
1 bouquet de persil.

Laver les tomates et les vider à l'aide d'une cuillère. Les saler. Les retourner sur une grille et les laisser dégorger 1 heure.

Faire revenir l'oignon et l'ail à l'huile. Ajouter la viande, l'assaisonnement, les pignons et les raisins. Cuire 10 minutes. Ajouter le riz.

Farcir les tomates de cette préparation et les poser dans un plat huilé allant au four. Cuire à four chaud, th. 7 (210° C). Quelques minutes avant la fin de la cuisson, remettre les couvercles sur les tomates.

Décorer de brins de persil.

Moussaka

XX ⊙⊙

Repos : 12 h. - Prép. : 1 h. - Cuiss. : 1 h. 20 mn.

6 pers.

8 grosses aubergines	*7 dl. de béchamel (p. 8)*
500 g. de viande de bœuf hachée	*150 g. de parmesan râpé*
2 cuil. à soupe de concentré de tomate	*Sel, poivre*
3 oignons hachés	*Muscade*
1 dl. de sauce tomate (p. 9)	*Cannelle*
1,5 dl. d'huile d'olive	*Origan*
1 cuil. à soupe de persil haché	*1 cuil. à soupe de chapelure.*

La veille de la préparation, éplucher les aubergines et les tailler en rondelles. Les mettre à dégorger avec du sel pendant 1 heure. Les égoutter et les faire sauter à l'huile. Les mettre dans une passoire et les laisser égoutter toute la nuit.

Faire revenir à l'huile les oignons hachés. Ajouter la viande de bœuf. Assaisonner. Cuire 10 minutes puis ajouter la sauce tomate et la tomate concentrée. Cuire 15 minutes.

Dans un plat à gratin, disposer une couche d'aubergines, une couche de viande puis une couche de béchamel. Recommencer l'opération jusqu'à épuisement des ingrédients. Terminer par une couche de béchamel. Saupoudrer le dessus de parmesan et de chapelure. Cuire 45 minutes au four, th. 5 (150° C).

Servir tel quel dans le plat de cuisson.

Keftithakia
Boulettes de viande

✗ ⚭

Prép. : 20 mn. - Cuiss. : 15 mn.

6 pers.

500 g. de viande de bœuf hachée	*1 dl. de vin rouge*
2 oignons hachés	*Sel, poivre*
80 g. de chapelure	*Muscade*
1 dl. de lait	*Cannelle*
1 œuf	*Origan*
1,5 dl. d'huile d'olive	*1 cuil. à soupe de persil haché.*

Faire revenir à l'huile les oignons hachés et la viande. Ajouter la chapelure, le lait, le persil et l'œuf. Assaisonner.

Former des boulettes et les dorer à l'huile. Jeter la graisse lorsqu'elles sont bien dorées. Remettre les boulettes de viande et arroser de vin. Laisser réduire des trois-quarts. Servir chaud.

Youvarlakia
Boulettes de viande

XX ∞

Repos : 2 h. - Prép. : 30 mn. - Cuiss. : 45 mn.
10 pers.

1 kg. de viande de bœuf hachée	*2 œufs*
3 oignons hachés	*Le jus d'un citron*
3 gousses d'ail hachées	*Sel, poivre*
1 cuil. à soupe de vinaigre	*Cannelle*
2 cuil. à soupe de persil haché	*5 cl. d'huile d'olive*
1 cuil. à soupe de menthe	*50 g. de raisins de Corinthe*
100 g. de riz cuit 5 minutes à grande eau	*1/2 l. de bouillon de poule*
salée	*50 g. de beurre.*

Faire revenir les oignons et l'ail à l'huile. Les ajouter à la viande crue. Mélanger et ajouter le riz, les raisins, l'assaisonnement, le persil et la menthe hachée, le vinaigre, 2 blancs d'œufs et 30 g. de beurre fondu. Mettre 2 heures au frais.

Façonner des boulettes. Les mettre dans un plat beurré allant au four et les couvrir de bouillon de poule. Mettre à cuire 40 minutes au four, th. 6 (180° C).

Mélanger 2 jaunes d'œufs avec un peu de bouillon de cuisson et le jus de citron. Verser dans le plat de cuisson en remuant. Retirer du feu. Servir aussitôt, saupoudré de persil haché.

61

Mosbhari katsarolas
Veau en cocotte

✕✕ ◯◯◯

Prép. : 20 mn. - Cuiss. : 1 h.

6 pers.

1,5 kg. de poitrine de veau avec os,	*2 cuil. à soupe de concentré de tomate*
coupée en gros dés	*1/2 l. de bouillon de veau ou de bœuf*
1/2 dl. d'huile d'olive	*50 g. de beurre*
2 gros oignons	*Sel, poivre*
2 gousses d'ail hachées	*1 pincée de sucre*
2 feuilles de laurier	*Sauge hachée*
600 g. de petits oignons grelots	*1 cuil. à soupe de persil haché.*
1/4 l. de vin rouge	

Mettre les petits oignons dans une casserole avec le beurre et les couvrir à hauteur avec de l'eau. Saler et sucrer. Cuire 20 minutes.

Faire revenir la viande à l'huile pour la dorer. La retirer. Faire revenir les oignons et l'ail à la place. Retirer la graisse. Remettre la viande. Assaisonner, ajouter la tomate concentrée, le laurier, le vin rouge et le bouillon. Couvrir et cuire. Après 45 minutes de cuisson, ajouter les petits oignons égouttés et poursuivre la cuisson à terme.

Servir dans un plat haut. Saupoudrer de persil et de sauge.

Souvlakia

✗ ∞

Marinade : 2 h. - Prép. : 10 mn. - Cuiss. : 15 mn.
6 pers.

800 g. de viande de porc ou d'agneau	*Sel, poivre*
coupée en dés (2 cm d'épaisseur)	*Marjolaine*
2 dl. d'huile d'olive	*2 citrons*
Le jus de 2 citrons	*Tsatsiki (p. 28).*

Enfiler la viande sur des bâtonnets et les mettre à mariner dans le mélange huile-citron-assaisonnement. Mettre 2 heures au frais.

Les griller au barbecue ou au gril. Servir accompagné de citrons en quartiers et de tsatsiki.

Brizoles lemonates xhirines
Côtes de porc au citron

✕ ∞

Prép. : 10 mn. - Cuiss. : 15 mn.

6 pers.

6 côtes de porc	Sel, poivre
1 dl. de vin blanc	Origan
Le jus de 2 citrons	5 cl. d'huile d'olive
2 dl. de crème	2 citrons.

Assaisonner les côtes et les poêler à l'huile d'olive à feu moyen. Les retirer et les tenir au chaud. Jeter la graisse, déglacer avec le vin blanc et le jus de citron, ajouter la crème, réduire d'un tiers. Rectifier l'assaisonnement.

Verser sur les côtes dressées dans le plat de service. Décorer avec des quartiers de citron.

Accompagner de pommes de terre ou de pâtes.

Côtes de porc en papillotes

XX OO

Prép. : 20 mn. - Cuiss. : 15 mn.

4 pers.

4 côtes de porc	*4 feuilles de phyllo*
Sel, poivre	*5 cl. d'huile d'olive*
Origan	*60 g. de beurre*
125 g. de feta	*1 citron*
4 petites tomates	*1 bouquet de persil.*

Assaisonner les côtes de porc et les cuire à la poêle à l'huile d'olive. Les laisser refroidir.

Etaler les quatre feuilles de phyllo et les badigeonner de beurre fondu. Les plier en deux, poser une côte sur chaque feuille. Recouvrir les côtes de porc de tranches de tomate assaisonnées puis de tranches de feta, replier chaque feuille de phyllo pour emballer les côtes. Les déposer sur une tôle huilée allant au four. Cuire 5 minutes à four chaud, th. 7 (210° C).

Servir sur un plat de service, décoré de quartiers de citron et de bouquets de persil.

Accompagner d'une salade verte.

Sibattaki arnissio
Foie d'agneau sauté

Prép. : 10 mn. - Cuiss. : 5 mn.

6 pers.

800 g. de foie d'agneau émincé en fines lamelles	*1 cuil. à soupe de persil haché*
1/2 dl. d'huile d'olive	*Sel, poivre*
Le jus de 2 citrons	*Origan*
	2 gousses d'ail hachées.

Chauffer l'huile dans une cocotte en fonte épaisse. L'huile doit être très chaude. Y verser le foie assaisonné. Le laisser dorer. Ajouter le jus des citrons, le persil haché et l'ail.

Verser dans un plat creux. Saupoudrer le dessus de persil haché.

Servir accompagné de riz nature.

Gigot au four en papillote

Prép. : 20 mn. - Cuiss. : 35 mn.

6 pers.

1 gigot d'agneau (environ 2 kg.)	*400 g. de kasseri ou kefalotiri*
Sel, poivre	*1/2 dl. d'huile d'olive*
Thym	*30 g. de beurre.*
Marjolaine	

Parer le gigot et l'assaisonner. Le dorer à la poêle avec de l'huile sur toutes les faces. Laisser refroidir.

Beurrer une feuille de papier aluminium assez grande pour envelopper le gigot. Poser le gigot, le recouvrir entièrement de tranches de fromage, fermer le papier aluminium et mettre le tout dans un plat. Cuire 35 minutes au four, th. 8 (240° C).

Pour servir, ôter le papier et tailler en tranches.

Accompagner de pommes de terre sautées ou rissolées.

Navarin d'agneau à la grecque ✗✗ ⊂⊃

Prép. : 20 mn. - Cuiss. : 1 h.

6 pers.

1,5 kg. de poitrine d'agneau coupée en morceaux	1/2 l. de bouillon de bœuf
2 oignons émincés	1/2 dl. d'huile d'olive
2 gousses d'ail hachées	2 cuil. à soupe de concentré de tomate
1 petit bouquet de menthe	Sel, poivre
Le jus d'un citron	Thym
100 g. d'olives noires	1 cuil. à soupe de persil haché.

Dorer les morceaux de viande à l'huile sur toutes les faces. Les retirer et faire revenir les oignons et l'ail à leur place. Retirer la graisse, remettre les morceaux de viande, assaisonner, ajouter la tomate, le jus de citron, le bouillon et la menthe. Cuire à couvert.

Dresser dans le plat de service, ajouter les olives noires, saupoudrer de persil haché.

Paidabia
Côtelettes d'agneau grillées

Marinade : 2 h. - Prép. : 5 mn.
Cuiss. : 15 mn. - 6 pers.

3 ou 4 côtelettes par personne	*Sel, poivre*
1 dl. d'huile d'olive	*Marjolaine.*
3 citrons	

Mettre les côtelettes d'agneau assaisonnées à mariner 2 heures au frais avec l'huile et le jus d'un citron en les retournant de temps en temps.

Les égoutter et les cuire au gril ou au barbecue en les badigeonnant de marinade durant la cuisson.

Servir dans un plat, entouré de quartiers de citron.

Sverbo arniou yemisto
Epaule d'agneau farcie

XXX ⚭

Prép. : 1 h. - Cuiss. : 40 mn.
8 pers.

1 épaule d'agneau désossée d'1,500 kg.	*20 g. de pignons de pin*
environ	*10 feuilles de menthe hachées*
200 g. de viande de veau hachée	*1 œuf*
2 oignons hachés	*2 citrons*
2 gousses d'ail hachées	*Sel, poivre*
1 dl. d'huile d'olive	*Thym*
50 g. de riz cuit	*Marjolaine.*

Faire revenir les oignons et l'ail dans un peu d'huile. Ajouter la viande de veau assaisonnée. Cuire 10 minutes puis ajouter le riz, les pignons et la menthe. Cuire encore 5 minutes.

Retirer du feu. Ajouter 1 œuf. Farcir l'épaule de cette préparation. La rouler, la coudre, la ficeler et la poser dans un plat allant au four. L'assaisonner, l'arroser et la faire cuire au four 40 minutes, th. 8 (240° C) en arrosant souvent.

Servir en tranches, décoré de quartiers de citron.

Accompagner de pommes de terre sautées.

Kolokithia tighanita
Beignets de courgettes

Prép. : 15 mn. - Cuiss. : 5 mn.

6 pers.

600 g. de courgettes
Pâte à beignets (p. 7)
Sel, poivre

Origan
Marjolaine.

Laver les courgettes, les émincer en rondelles et les assaisonner.

Passer les rondelles dans la pâte à beignets. Les faire frire en les retournant à mi-cuisson. Les égoutter sur du papier absorbant.

Servir sur un plat garni d'un papier gaufré.

Croquettes de courgettes yaya

Prép. : 15 mn. - Cuiss. : 20 mn.

4 pers.

1 kg. de courgettes
3 œufs
1 dl. d'huile d'olive

Sel, poivre
Origan.

Emincer finement les courgettes. Les faire fondre à l'huile d'olive chaude dans une cocotte en fonte épaisse. Compter 15 à 20 minutes de cuisson à feu doux. Les assaisonner en fin de cuisson puis les égoutter. Les laisser refroidir dans un saladier. Ajouter les œufs battus en omelette.

Déposer des cuillerées de cette préparation dans une poêle chaude. Les faire dorer à l'huile d'olive. Dresser sur un plat et servir aussitôt.

Bamies laderes
Cornes grecques en tomate

XX ⊂⊃

Prép. : 20 mn. - Cuiss. : 40 mn.
6 à 8 pers.

1 kg. de cornes grecques
8 dl. de sauce tomate (p. 9)
3 oignons hachés
4 gousses d'ail

5 cl. d'huile d'olive
Sel, poivre
1 cuil. à café de coriandre
1 cuil. à soupe de persil haché.

Couper la queue conique des cornes, les laver.

Faire revenir les oignons et 2 gousses d'ail hachées à l'huile. Ajouter les cornes, faire revenir 4 minutes puis ajouter la sauce tomate. Laisser cuire à petit feu à couvert 40 minutes. Piler le reste de l'ail et la coriandre et l'ajouter en fin de cuisson.

Dresser dans un plat et saupoudrer de persil haché.

Les cornes grecques se trouvent aussi en conserves dans les épicerie fines ou orientales.

71

Spanakorizo
Epinards au riz

✕ ○

Prép. : 15 mn. - Cuiss. : 20 mn.

6 pers.

1,5 kg. d'épinards	*5 dl. d'eau*
2 oignons hachés	*1 branche de thym*
2 gousses d'ail hachées	*1 feuille de laurier*
1 dl. d'huile d'olive	*Sel, poivre.*
300 g. de riz	

Laver et équeuter les épinards, les cuire à grande eau salée, puis les égoutter.

Faire revenir les oignons et l'ail dans l'huile. Ajouter le riz et le faire revenir 1 minute. Ajouter l'eau, le thym, le laurier, le sel. Cuire à petit feu à couvert. Après 15 minutes de cuisson, ajouter les épinards et terminer la cuisson. Vérifier l'assaisonnement.

Dresser dans un plat creux et servir aussitôt.

Koukkia prassina yakni
Ragoût de fèves

✕✕ ∞

Prép. : 40 mn. - Cuiss. : 35 mn.

6 pers.

1,5 kg. de fèves en cosses	*1/2 dl. d'huile d'olive*
3 oignons	*2 morceaux de sucre*
1 cuil. à soupe d'aneth haché	*Sel, poivre*
1 cuil. à soupe de menthe hachée	*Persil.*

Ecosser les fèves, enlever la peau dure.

Faire revenir les oignons hachés dans l'huile. Ajouter les fèves, les herbes, le sucre et l'assaisonnement. Faire revenir le tout 5 minutes puis ajouter 1/4 l. d'eau. Cuire à couvert à petit feu.

Servir dans un plat, saupoudré d'un peu de persil haché.

Fassolada
Ragoût de haricots secs en tomate

XX O

Trempage : 12 h. - Prép. : 10 mn. - Cuiss. : 2 h.
6 pers.

---

600 g. de haricots blancs secs
7 dl. de sauce tomate (p. 9)
3 oignons hachés
1/2 dl. d'huile d'olive
2 feuilles de laurier
1 clou de girofle
1 carotte

1 oignon
1 bouquet garni
Sel, poivre
1 cuil. à café de bicarbonate de soude
1 cuil. à soupe de persil haché
2 gousses d'ail hachées.

Mettre les haricots à tremper la veille de la préparation.

Le lendemain, les mettre dans une casserole, les couvrir largement d'eau froide, ajouter le bouquet garni, les feuilles de laurier, le clou de girofle, l'oignon, la carotte et le bicarbonate. Cuire 1 heure et demie en écumant de temps en temps. Couvrir la casserole. Saler à mi-cuisson. En fin de cuisson, retirer l'oignon, la carotte, le laurier et le bouquet garni.

Faire revenir les oignons et l'ail à l'huile. Ajouter les haricots égouttés. Ajouter la sauce tomate. Cuire encore 20 minutes.

Pour servir, dresser dans un plat et saupoudrer le dessus de persil.

Macaroni gratinés à la feta

XX ∞

Prép. : 20 mn. - Cuiss. : 45 mn.

6 pers.

500 g. de macaroni	*120 g. de beurre*
300 g. de feta	*2 dl. de lait*
100 g. de beurre	*3 œufs*
10 feuilles de phyllo	*Sel, poivre.*

Cuire les macaroni al dente. Les égoutter, les assaisonner, ajouter 40 g. de beurre. Mélanger grossièrement dans un saladier la feta, le lait et les œufs.

Beurrer un plat à gratin et y disposer 5 feuilles de phyllo badigeonnées de beurre fondu. Ajouter les pâtes et le mélange à la feta. Rabattre les feuilles dépassant du plat, recouvrir avec les autres feuilles de phyllo badigeonnées au beurre.

Mettre à cuire au four th. 6, 35 minutes, jusqu'à ce que le plat soit bien doré. Servir dans le plat en découpant des carrés.

Macaroni à la viande hachée

Prép. : 25 mn. - Cuiss. : 35 mn.

6 pers.

500 g. de macaroni	*Origan*
500 g. de viande hachée	*5 cl. d'huile d'olive*
1/2 l. de sauce tomate (p. 9)	*1 cuil. à soupe de persil haché*
2 oignons hachés	*150 g. de kefalotiri, de parmesan ou de*
2 gousses d'ail hachées	*kasseri râpé.*
Sel, poivre	

Faire revenir les oignons et l'ail à l'huile. Ajouter la viande et l'assaisonnement puis la sauce tomate et le persil. Cuire 15 minutes.

Cuire les macaroni à grande eau bouillante salée. Les égoutter et les ajouter à la sauce. Mélanger.

Verser le tout dans un plat allant au four, parsemer de fromage râpé et faire gratiner sous le gril du four.

Fassolakia prassina yakni
Haricots verts étuvés

✕ ◯

Prép. : 35 mn. - Cuiss. : 30 mn.
6 pers.

---

1 kg. de haricots verts	*2 oignons hachés*
1/2 l. de sauce tomate (p. 9)	*3 gousses d'ail hachées*
1/2 dl. d'huile d'olive	*Sel, poivre.*

Enlever les extrémités des haricots, les laver, les blanchir 15 minutes à l'eau bouillante salée. Les égoutter.

Faire revenir les oignons et l'ail à l'huile. Ajouter les haricots verts, cuire 5 minutes puis ajouter la sauce tomate et l'assaisonnement. Cuire 10 minutes à couvert.

Khorta

✕ ◯

Prép. : 15 mn. - Cuiss. : 25 mn.

4 pers.

---

700 g. de pissenlit
Le jus d'un citron

3 cl. d'huile d'olive
Sel, poivre.

Trier, éplucher, laver le pissenlit. Le mettre à cuire à couvert à grande eau bouillante salée. L'égoutter, le mettre dans un saladier. L'assaisonner, arroser d'huile et de jus de citron. Servir en accompagnement de viande ou de poisson.

Patates yemistes
Pommes de terre farcies

XX ◯

Prép. : 20 mn. - Cuiss. : 1 h., th. 6.

6 pers.

6 grosses pommes de terre	*3 jaunes d'œufs*
80 g. de beurre	*Sel, poivre*
200 g. de feta	*Muscade.*
1 cuil. à soupe de persil haché	

Envelopper séparément chaque pomme de terre lavée dans une feuille de papier aluminium et les mettre à cuire au four, th. 6 (180° C) pendant 40 minutes.

Retirer l'aluminium. Couper un couvercle à chaque pomme de terre, les creuser, passer la chair à la moulinette et la mettre dans une casserole sur feu très doux. Ajouter la feta en petits morceaux, le sel, le poivre, la muscade, les jaunes d'œufs, le persil et le beurre. Mélanger pour obtenir une pâte.

Garnir les pommes de terre avec cette farce. Poser les couvercles et servir aussitôt.

Patates sto fourno
Pommes de terre au four

X ◯

Prép. : 20 mn. - Cuiss. : 1 h.

6 pers.

1 kg. de pommes de terre	*8 gousses d'ail hachées*
10 petites tomates	*2 cuil. à soupe de persil haché*
5 cl. d'huile d'olive	*Sel, poivre*
1,5 dl. d'eau	*Thym.*

Eplucher et laver les pommes de terre. Tailler en tranches les tomates et les pommes de terre épluchées et lavées en tranches.

Dans un plat allant au four, disposer une couche de tranches de tomate, saupoudrer d'ail et de persil hachés, assaisonner. Continuer par une couche de pommes de terre. Assaisonner. Recommencer jusqu'à épuisement des denrées. Arroser d'huile, ajouter l'eau et mettre à cuire au four, th. 5 (150° C) pendant 1 heure.

Servir dans le plat de cuisson. Saupoudrer le dessus de persil haché.

Briam
Ratatouille grecque

XX CO

Prép. : 1 h. - Cuiss. : 1 h. 30 mn.
6 pers.

500 g. de courgettes émincées	2 dl. d'huile d'olive
500 g. de cornes grecques	1 branche de thym
2 oignons émincés	Sel, poivre
3 poivrons verts émincés	Origan
3 gousses d'ail émincées	2 feuilles de laurier
800 g. de concassée de tomate (p. 7)	1 cuil. à soupe de persil haché.

Laver, nettoyer les cornes grecques en coupant le pied conique, les blanchir 3 minutes, les rafraîchir.

Faire revenir séparément tous les légumes à l'huile d'olive. Les réunir dans une cocotte, ajouter la concassée de tomate, le thym, le laurier et l'origan. Mettre un couvercle puis enfourner 1 heure 20 minutes, th. 6 (180° C).

Pour servir, verser dans un plat et saupoudrer de persil haché.

Pilafi me garides
Riz aux crevettes

✕✕ ◯◯

Prép. : 20 mn. - Cuiss. : 20 mn.

6 pers.

---

300 g. de riz cuit
300 g. de queues de crevettes cuites et décortiquées
7 dl. de fumet de poisson (p. 6)
1 oignon haché
2 dl. de sauce tomate (p. 9)

50 g. de raisins de Corinthe
Sel, poivre
1 pincée de safran
1 branche de thym
5 cl. d'huile d'olive.

Faire fondre l'oignon à l'huile, ajouter le riz, le faire revenir 1 minute puis ajouter le fumet de poisson, le sel, le poivre, le thym et le safran. Cuire à couvert 18 à 20 minutes.

Ajouter la sauce tomate, les crevettes et les raisins. Donner un bouillon, retirer la branche de thym, dresser dans un plat et servir.

Pilafi me midia
Rizotto aux moules

✕✕ ◯◯

Prép. : 20 mn. - Cuiss. : 20 mn.

6 pers.

---

300 g. de riz
1,5 kg. de moules
2 dl. de sauce tomate (p. 9)
7 dl. de fumet de poisson (p. 6)
1 oignon haché

5 cl. d'huile d'olive
1 feuille de laurier
2 dl. de vin blanc
1 branche de thym
Sel.

Faire ouvrir à feu doux et à couvert les moules nettoyées avec le vin blanc. Les décoquiller. Réserver le jus de cuisson et le filtrer.

Faire revenir l'oignon à l'huile. Ajouter le riz, le faire revenir quelques instants puis ajouter le fumet de poisson, le jus de cuisson des moules, la branche de thym, le laurier et le sel. Cuire à couvert. Le mélange fumet et jus de cuisson des moules doit faire 7 dl. au total.

En fin de cuisson du riz, ajouter les moules et la sauce tomate. Vérifier l'assaisonnement. Retirer la branche de thym et le laurier. Verser dans un plat et servir aussitôt.

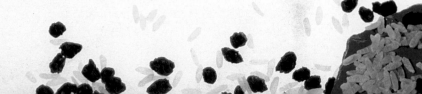

Pilafi me kima
Riz à la viande hachée

✗ ◯◯

Prép. : 15 mn. - Cuiss. : 20 mn.
6 pers.

---

300 g. de riz
400 g. de viande de bœuf hachée
2 oignons hachés
2 gousses d'ail hachées
10 feuilles de menthe hachées
1 cuil. à soupe de basilic haché

60 g. de raisins de Corinthe
1/2 l. de sauce tomate (p. 9)
5 cl. d'huile d'olive
100 g. de kefalotiri
Sel, poivre
Origan.

Faire revenir les oignons et l'ail à l'huile, ajouter la viande puis le basilic, la menthe, les raisins, la sauce tomate et l'assaisonnement. Cuire 20 minutes.

Cuire le riz à grande eau bouillante salée. L'égoutter et l'ajouter à la viande ainsi que le kefalotiri râpé. Cuire 2 minutes.

Verser dans un plat et servir aussitôt.

Composta apo xera frouta

Compote de fruits secs au samos

Trempage : 12 h. - Prép. : 15 mn. - Cuiss. : 30 mn.

6 pers.

150 g. d'abricots secs	*150 g. de sucre*
150 g. de pruneaux secs	*1 cuil. à café de cannelle*
150 g. de figues sèches	*2 feuilles de laurier*
100 g. de raisins de Corinthe	*1 clou de girofle*
50 g. d'amandes brutes émondées	*1 sachet de thé*
50 g. de pistaches	*1/2 l. de vin doux de Samos*
50 g. de noisettes	*150 g. de bananes sèches.*

La veille de la préparation, mettre les fruits à tremper dans 1/2 l. d'eau fraîche. Mettre les raisins secs à tremper à part.

Le lendemain, mettre les fruits à cuire (sauf les raisins que l'on ajoutera au dernier moment) dans le liquide de trempage en ajoutant le sucre, le vin, le sachet de thé, la cannelle, le clou de girofle et le laurier. Ajouter les raisins 5 minutes avant la fin de la cuisson.

Dresser dans un saladier et décorer avec les amandes, les pistaches et les noisettes.

Pommes athéniennes

Prép. : 10 mn. - Cuiss. : 10 mn.

Repos : 2 h. - 6 pers.

6 pommes	*60 g. de sucre*
1/2 l. de vin rouge doux	*2 feuilles de laurier*
1,5 dl. de liqueur de rose	*1 clou de girofle.*

Eplucher les pommes, les vider à l'aide d'un vide-pomme.

Mettre le vin à bouillir avec le sucre, la liqueur, le laurier et le clou de girofle.

Ajouter les pommes et cuire à petit feu environ 10 minutes. Vérifier la cuisson à l'aide d'une aiguille.

Dresser les pommes dans un saladier, ajouter le vin. Mettre au frais 2 heures puis servir tel quel.

Milopitta

Prép. : 35 mn. - Cuiss. : 45 mn.

8 pers.

160 g. de sucre	*1 cuil. à café rase de cannelle*
200 g. de farine	*1/4 sachet de levure en poudre*
130 g. de beurre	*1 pincée de sel*
1 cuil. à soupe de metaxa	*50 g. de raisins de Corinthe*
1 jaune d'œuf	*50 g. de pignons de pin.*
1 kg. de pommes	

Mélanger la farine, la levure, 3 cuillerées à soupe de sucre et le sel. Ajouter 100 g. de beurre ramolli, le jaune, le metaxa. Travailler jusqu'à ce que le mélange soit sableux. Ajouter un peu d'eau pour former une pâte. L'étaler dans un moule à tarte.

Peler et enlever les pépins des pommes, les émincer, les faire sauter au beurre avec le reste de sucre pendant 5 minutes. Ajouter la cannelle, les raisins. Verser dans la tarte. Mettre à cuire 45 minutes au four, th. 6 (180° C).

10 minutes avant la fin de la cuisson, saupoudrer le dessus de la tarte de pignons. Poursuivre la cuisson pour les dorer.

Laisser refroidir avant de consommer.

Tsourekia

Prép. : 45 mn. - Cuiss. : 30 à 40 mn.

8 à 10 pers.

800 g. de farine	*10 g. de sel*
30 g. de levure de boulanger	*4 œufs*
1 dl. d'eau	*5 cl. de metaxa (ou cognac)*
1 dl. de lait	*1 cuil. à café de carvi*
50 g. de sucre	*2 jaunes d'œufs.*
60 g. de beurre	

Préparer le levain en délayant la levure avec l'eau et le lait, ajouter 200 g. de farine, pétrir et laisser lever dans un endroit tiède.

Mettre le reste de farine dans un grand saladier, ajouter le levain, le sel, le sucre, le cognac, le carvi, les œufs et le beurre fondu. Pétrir pour former une pâte puis laisser doubler de volume dans un endroit tiède.

Façonner ensuite la pâte selon la forme désirée. Laisser lever dans un endroit tiède puis dorer avec les jaunes délayés avec un peu d'eau. Enfourner, th. 6 (180° C).

Retirer en fin de cuisson et laisser refroidir sur une grille.

Vassilo pitta

XXX ∞

Prép. : 30 mn. - Cuiss. : 45 mn.
10 pers.

150 g. de beurre	*40 g. de levure de boulanger*
200 g. de sucre	*10 g. de sel fin*
800 g. de farine	*1 cuil. à soupe de graines de sésame*
2 dl. de lait	*2 jaunes d'œufs.*
5 œufs	

Préparer le levain en délayant la levure avec un peu de lait et un peu de farine. Former une pâte. Laisser lever dans un endroit tiède.

Mettre la farine dans un grand saladier, ajouter le sel, le beurre fondu, le sucre, le lait, le levain et les 5 œufs. Travailler avec la paume de la main pour aérer l'ensemble pendant 15 minutes. Laisser lever dans un endroit tiède.

Tapoter la pâte pour lui faire reprendre son volume initial et la mettre dans un moule rond beurré et fariné. Laisser doubler de volume. Dorer avec les jaunes d'œufs délayés avec un peu d'eau. Parsemer la surface de graines de sésame et enfourner, th. 6 (180° C).

A la sortie du four mettre à refroidir sur une grille.

Baklavas

XXX ∞

Prép. : 20 mn. - Cuiss. : 50 mn.
Repos : 12 h. - 6 pers.

100 g. de chapelure	*Cannelle.*
1,5 dl. d'eau	*Sirop :*
200 g. de beurre + 60 g.	*200 g. de miel*
200 g. de sucre	*200 g. de sucre*
400 g. de poudre d'amande ou de noix	*Le jus d'un citron*
8 feuilles de phyllo	*1,5 dl. d'eau.*

Faire fondre doucement 200 g. de beurre dans une casserole. Ajouter le sucre et l'eau puis les noix et la chapelure. Cuire 2 minutes à feu doux.

Beurrer un moule allant au four et le foncer de 4 feuilles superposées de phyllo badigeonnées de beurre. Verser la moitié de la préparation, recouvrir d'une feuille de phyllo badigeonnée de beurre pliée en deux, remettre une couche de farce, recouvrir avec les 3 feuilles de phyllo restantes badigeonnées de beurre, les rabattre à l'intérieur. Badigeonner le dessus de beurre fondu, tracer des croisillons sur le dessus à l'aide d'un couteau. Mettre au four, th. 6 (180° C).

Mettre tous les ingrédients du sirop dans une casserole, mettre à bouillir 5 minutes et verser ce sirop frais sur le baklavas à la sortie du four. On peut aussi verser le sirop chaud sur le baklavas froid.

Mettre une nuit au frais. Servir dans le plat de cuisson.

Tahino pitta
Cake maison au tahin

X ∞

Prép. : 15 mn. - Cuiss. : 40 mn.
6 pers.

150 g. de tahin ou beurre de cacahuètes	*120 g. de fruits confits*
1 cuil. à café de bicarbonate de soude	*1/4 sachet de levure en poudre*
Le jus d'une orange	*1 pincée de sel*
100 g. de sucre	*4 œufs*
80 g. de noix hachées	*300 g. de farine*
100 g. de raisins de Corinthe	*Sucre glace.*

Mélanger la farine, la levure, le bicarbonate et le sel. Ajouter le tahin, le jus d'orange, les fruits confits, les raisins, les noix, les œufs battus et le sucre. Travailler à la spatule et verser la préparation dans un moule à cake beurré et fariné. Cuire au four, th. 6 (180° C). Vérifier la cuisson à l'aide d'une aiguille.

Démouler sur une grille. Saupoudrer de sucre glace.

Biscotta lemoniou
Biscuit au citron

XX O

Prép. : 30 mn. - Cuiss. : 1 h.

8 pers.

Biscuit :	50 g. d'écorce de citron confite hachée
4 œufs	8 tranches de citron confit.
160 g. de sucre	Meringage :
100 g. de farine	2 blancs d'œufs
60 g. de beurre	100 g. de sucre
1 zeste râpé de citron	1 zeste de citron râpé.

Blanchir les jaunes d'œufs avec le sucre et le zeste. Ajouter le beurre fondu, la farine et le citron confit puis, délicatement, les blancs montés en neige. Verser dans un moule beurré et fariné et mettre à cuire au four th. 6, 40 minutes.

Préparer le meringage : monter les blancs en neige, ajouter le sucre et fouetter sans arrêt au bain-marie pour avoir une mousse ferme et brillante. Ajouter le zeste râpé à la fin. Etaler le meringage sur le gâteau. Décorer à la poche à douille. Remettre au four doux, th. 1 pendant 20 minutes. Décorer de tranches de citron confit.

Samali
Cake à la semoule

Prép. : 15 mn. - Cuiss. : 45 mn.

8 pers.

250 g. de semoule de blé fine	*1 pincée de sel*
150 g. de farine	*1/4 sachet de levure en poudre*
150 g. de sucre	*50 g. de poudre d'amande.*
120 g. de beurre	Sirop :
6 œufs	*2,5 dl. d'eau*
1/2 zeste de citron	*350 g. de sucre.*
1/2 zeste d'orange	

Mélanger la farine, la semoule, le sel et la levure.

Travailler les jaunes d'œufs avec le sucre jusqu'à ce que le mélange blanchisse. Ajouter le beurre fondu, les zestes, la poudre d'amande et le mélange farine-semoule. Incorporer à la fin les blancs battus en neige ferme.

Verser dans un moule à cake beurré et fariné. Enfourner, th. 6 (180° C). Vérifier la cuisson à l'aide d'une aiguille. Préparer le sirop avec le sucre et l'eau. Laisser refroidir le cake puis l'imbiber entièrement de sirop chaud.

Karytopita
Gâteau aux noix

Prép. : 15 mn. - Cuiss. : 1 h.

8 pers.

300 g. de farine	*1 pincée de cannelle*
1/4 sachet de levure en poudre	*150 g. de cerneaux de noix.*
150 g. de sucre	Sirop :
150 g. de beurre	*2 dl. d'eau*
4 œufs	*Le jus d'un demi-citron*
1 dl. de lait	*200 g. de sucre.*
1 zeste d'orange râpé	

Fouetter en mousse le beurre et le sucre. Ajouter les œufs, la farine mélangée à la levure, puis le lait, le zeste d'orange, la cannelle et les noix hachées. Verser le mélange dans un récipient beurré et fariné. Enfourner, th. 6 (180° C). Vérifier la cuisson à l'aide d'une aiguille qui doit ressortir sèche.

Démouler le gâteau sur une grille. Préparer le sirop en mettant tous les éléments à bouillir ensemble puis le verser bouillant sur le gâteau tiède. Laisser refroidir.

Ghalaktobouriko
Tourte à la semoule

XXX O

Prép. : 20 mn. - Cuiss. : 45 mn. - Repos : 2 h.

4 pers.

1/2 l. de lait	30 g. de raisins de Corinthe
4 feuilles de phyllo	2,5 cl. de metaxa.
60 g. de semoule de blé fine	Sirop :
1/2 zeste de citron	1 dl. d'eau
50 g. de beurre	150 g. de sucre
1 œuf	Le jus d'un demi-citron + 1/2 zeste de
80 g. de sucre	citron.

Mettre les raisins à tremper dans le metaxa (à défaut dans du cognac).

Mettre le lait à bouillir avec le sucre et le zeste râpé. A ébullition, ajouter la semoule en pluie. Cuire en remuant sans arrêt jusqu'à épaississement (3 minutes). Retirer du feu, ajouter la moitié du beurre, l'œuf battu en omelette, les raisins et la marinade.

Disposer dans un plat creux allant au four la moitié des feuilles de phyllo badigeonnées de beurre fondu. Répartir la semoule, rabattre les bords de feuilles de phyllo dépassant du plat.

Recouvrir de feuilles de phyllo badigeonnées de beurre. Souder en humectant avec un peu d'eau. Tracer des croisillons. Mettre au four.

Préparer un sirop avec les ingrédients et en arroser la tourte à la sortie du four. Laisser refroidir 2 heures avant de servir.

Crêpes à l'eau de rose

 ✗ ○

Prép. : 15 mn. - Cuiss. : 30 mn.
Repos : 30 mn. - 8 pers.

1/2 l. de lait
250 g. de farine
3 œufs
1 pincée de sel

40 g. de beurre + 20 g. pour la cuisson
Quelques gouttes d'eau de rose
200 g. de confiture de roses.

Mettre la farine et le sel dans un saladier. Ajouter les œufs et le lait au milieu. Travailler au fouet, ajouter le beurre fondu et quelques gouttes d'eau de rose.

Passer au chinois. Laisser reposer 30 minutes avant de réaliser les crêpes.

En Grèce, on les fourre de confiture de roses.

Crepes flambe me ouzo

 ✗ ○

Crêpes flambées à l'ouzo

Prép. : 15 mn. - Cuiss. : 30 mn.
Repos : 30 mn. - 8 pers.

10 cl. d'ouzo
100 g. de sucre
1/2 l. de lait
250 g. de farine

3 œufs
1 pincée de sel
40 g. de beurre + 20 g. pour la cuisson.

Mettre la farine et le sel dans un saladier. Ajouter les œufs et le lait au milieu. Travailler au fouet, ajouter le beurre fondu.

Passer au chinois. Laisser reposer 30 minutes. Faire cuire les crêpes.

Pour servir, saupoudrer les crêpes de sucre, les dresser pliées en 4 sur un plat chaud, verser l'ouzo et flamber.

Pain perdu corinthienne ✗ ○

Prép. : 10 mn. - Cuiss. : 5 mn.
6 pers.

---

6 à 12 tranches de pain selon la taille
3 œufs
2 dl. de lait
80 g. de beurre
200 g. de sucre

1,5 dl. d'eau de rose
Le jus d'un citron
Cannelle
200 g. de confiture de figues.

Battre les œufs en omelette, ajouter le lait et verser le tout sur les tranches de pain. Laisser reposer 2 minutes puis dorer les tranches de pain au beurre à la poêle sur les deux faces.

Préparer un sirop avec l'eau de rose, le sucre, la cannelle et le jus de citron. Napper les tranches de pain de ce sirop et accompagner éventuellement de confiture de figues.

Courabiedes
Croissants sablés

XX O

Prép. : 20 mn. - Cuiss. : 25 mn.
Pour 50 pièces environ.

---

200 g. de beurre
350 g. de sucre glace
500 g. de farine
120 g. de poudre d'amande
1 pincée de sel

2 jaunes d'œufs
1 cuil. à soupe de cognac
Eau de rose ou eau de fleur d'oranger
5 cl. de lait.

Travailler le beurre avec 200 g. de sucre jusqu'à ce que le mélange blanchisse. Ajouter les jaunes, la pincée de sel, le cognac, le lait, la poudre d'amande et la farine. Abaisser la pâte. Découper des losanges. Façonner en croissants en les roulant. Mettre sur une plaque beurrée puis enfourner et cuire, th. 6-7 (200° C).

En fin de cuisson, retirer les courabiedes, les humecter avec de l'eau de rose ou de fleur d'oranger puis les passer dans le sucre glace en les enrobant très largement.

Melomacarona
Macarons au miel

XX CO

Prép. : 20 mn. - Cuiss. : 35 mn.
60 pièces environ.

---

800 g. de farine
3 dl. d'huile d'olive
160 g. de sucre
7 cl. de metaxa
2 dl. de jus d'orange
1/4 sachet de levure en poudre
1 cuil. à café de bicarbonate de soude
60 g. de poudre de noix

1 cuil. à soupe de cannelle
1 râpée de noix de muscade.
Sirop :
250 g. de miel
Le jus d'un citron
2 dl. d'eau
150 g. de sucre.

Mélanger la farine, la levure, le bicarbonate, le sucre, la poudre de noix, la cannelle et la muscade. Ajouter l'huile, le jus d'orange et le metaxa (ou cognac). Pétrir pour obtenir une pâte consistante.

Façonner des macarons en donnant la forme d'un œuf que l'on coupe en deux dans la longueur. Les poser sur une plaque huilée et les enfourner, th. 6 (180° C).

Préparer le sirop en mélangeant tous les ingrédients. Mettre à bouillir 3 minutes. Retirer les macarons du four, les laisser tiédir et les imbiber de sirop.

TABLE DES RECETTES

© S.A.E.P. Ingersheim 68000 Colmar
Dépôt légal 2ᵉ trim. 1990 - Imp. n° 1 725

ISBN 2-7372-2413-6
Imprimé en C.E.E.